CHÈRE,

Que le Tout-Puissant vous bénisse, vous et votre famille, de sa bénédiction.

Pourquoi Nous Aimons Notre Prophète Muhammad ﷺ ?
Publié par Éditions Hidayah

Copyright © 2022 Hidayah Publishers

ISBN: 978-1-998843-07-7

L'ARABE AVANT L'ISLAM

Avant l'avènement de l'Islam, la condition de l'homme ordinaire était grave dans la région. C'était une société tribale où l'achat et la vente d'esclaves étaient une activité courante. C'était une société où les combats intertribaux étaient courants, même pour une maigre raison.

La société arabe était composée de différentes tribus et il n'y avait pas de véritable gouvernement. Elles choisissaient les chefs de tribu qui avaient le pouvoir de décider d'une question tribale. Le chef ne peut être choisi que sur la base de l'histoire familiale et/ou de traits de personnalité. Il n'y avait pas de gouvernement régulier unique.

La culture arabe était très riche car la narration était très courante en Arabie. C'est la principale raison pour laquelle ils traitaient les non-arabes d'idiots. Ils étaient très doués pour la poésie et fiers de leur langue et de leur culture arabes. Malgré tout cela, les conditions sociales en Arabie étaient si mauvaises que le vol de caravanes était considéré comme une pratique courante chez les Arabes. Ils vendaient et achetaient des esclaves comme des animaux, et le statut social des esclaves n'était rien de plus que celui des animaux. C'était une société purement masculine dans laquelle être le père d'une fille était considéré comme une honte. Le vol, la boisson et les jeux d'argent étaient courants.

À cette époque, la plupart des Arabes ne savaient ni lire ni écrire. Umar bin Khattab(R.A), le deuxième calife des musulmans, était l'un de ceux qui savaient lire et écrire avant l'avènement de l'islam.

En raison des guerres intertribales, la situation économique n'était pas florissante dans la région. Ils avaient l'habitude d'envoyer des caravanes commerciales vers d'autres régions voisines car aucune industrie n'était développée dans la région péninsulaire. Cependant, la communauté juive se portait bien. La plupart des terres arables étaient sous leur occupation.

À une époque où tout était dans son pire état comme l'éducation, le système politique, les conditions économiques, les conditions sociales et l'ordre public, etc. Allah Tout-Puissant a envoyé le dernier Prophète, le Prophète Muhammad ﷺ comme un révolutionnaire pour toute l'humanité. C'est un miracle dans l'histoire de l'humanité que toute la situation de la péninsule arabique ait basculé en moins de cent ans. Notre Prophète ﷺ a transformé le statut des habitants de l'Arabie, passant d'esclaves à leaders de toute la région. L'état d'esprit des Arabes est passé de la cruauté à la compassion.

"En effet, vous avez dans le Messager d'Allah un excellent modèle [à suivre]," (Surah Ahzab, V:21)

LA VIE PRÉCOCE DU MESSAGEUR D'ALLAH ﷺ ET SES RELATIONS AVEC LA COMMUNAUTÉ

Le Prophète Muhammad ﷺ est né dans une célèbre et pieuse tribu Quraish connue sous le nom de " les Banu Hashim " dans la ville de La Mecque. Le nom de son père est Abdullah(R.A), qui est décédé presque six mois avant la naissance du Prophète Muhammad ﷺ. Le nom de sa mère était Syeda Amina(R.A), qui appartient au clan Banu Zuhrah de la tribu des Quraish. Selon la tradition arabe, le Prophète Muhammad ﷺ a été envoyé vivre avec une mère laitière, Syeda Halimah(R.A), car la vie dans le désert était considérée comme plus saine pour les bébés.

À l'âge de six ans, il retrouva sa mère, Syeda Aminah(R.A), qui l'emmena rendre visite à ses proches dans la ville de Yathrib (appelée plus tard Médine). À leur retour à La Mecque un mois plus tard, accompagnés de son esclave Umm Ayman, Aminah(R.A) tomba malade. Elle mourut au cours de ce voyage et fut enterrée dans le village d'Abwa'. Après cela, il fut élevé par son grand-père paternel, Abd al-Muttalib, jusqu'à 'à sa mort, alors que le Prophète Muhammad ﷺ avait huit ans. Il est alors confié à son oncle Abu Talib, qui a été élu nouveau chef des Banu Hashim.

Alors qu'il était encore adolescent, le Prophète Muhammad ﷺ a accompagné son oncle dans des voyages commerciaux en Syrie, acquérant ainsi une expérience dans le commerce, qui était la seule carrière qui lui était ouverte en tant qu'orphelin. Selon la tradition islamique, alors que le Prophète Muhammad ﷺ avait neuf ou douze ans et qu'il accompagnait une caravane en Syrie, il rencontra un moine ou un ermite chrétien nommé Bahira, qui aurait prédit sa carrière de Prophète d'Allah(S.W.T).

En raison de son caractère droit pendant cette période, il a acquis le surnom "al-Amin", qui signifie "fidèle, digne de confiance", et "al-Sadiq", qui signifie "véridique".

Toutes les tribus de La Mecque, même ses ennemis à l'époque où il prêchait l'islam, lui faisaient confiance plus que toute autre personne et avaient l'habitude de lui confier leurs objets précieux pour qu'il les mette en sécurité, car ils savaient que notre saint Prophèteﷺ ne les détournerait jamais. De même, ils savaient que le Prophète Muhammad ﷺ ne mentirait jamais dans aucune affaire. C'est la première leçon à donner à tous les musulmans pour élever leur caractère dans la société en tant que vrais croyants de l'Islam.

"Allah a très certainement fait une faveur aux croyants lorsqu'Il a envoyé chez eux un Messager issu d'eux-mêmes, qui leur récite Ses versets, les purifie et leur enseigne le Livre et la Sagesse, bien qu'ils fussent auparavant dans un égarement manifeste."
(Surah Aal-e-Imran, V:164)

PROPHÈTE MUHAMMAD ﷺ COMME UNE MISÉRICORDE POUR TOUS

"Et Nous ne t'avons envoyé qu'en miséricorde pour l'Univers."
(Surah Al-Anbya, V:107)

Dans le cadre de l'amour qu'il porte à ses créations, Allah(S.W.T) nous a accordé l'amour de son messager bien-aimé, le Prophète Muhammad ﷺ. Le messager d'Allah ﷺ a vécu parmi nous et nous a montré le chemin pour atteindre l'amour éternel. Il ne nous a pas seulement enseigné comment aimer notre Créateur mais aussi comment aimer les autres créations. Il est la lumière qui a guidé les cœurs et éclairé les ténèbres intérieures. Il est créé comme l'épitomé de la miséricorde et le parangon des vertus.

L'INCIDENT DE LA VALLÉE DE TAIF

Au cours des dix premières années de prédication de l'islam, La Mecque s'était révélée inhospitalière pour notre Saint Prophète ﷺ et ses Compagnons(R.A). Il vint à l'esprit du Rasulallah ﷺ qu'il devait, peut-être, essayer de prêcher la vraie foi dans une autre ville. La ville la plus proche était Ta'if, une ville luxuriante de palmiers verts, de fruits et de légumes, à 80 km au sud-est de La Mecque. Zayd bin Haritha(R.A) l'accompagna.

À Ta'if, le Messager d'Allah ﷺ, a appelé les trois chefs des tribus locales et les a invités à abandonner leur culte des idoles, à reconnaître l'unicité d'Allah, à jeter aux oubliettes les distinctions faites par l'homme entre le haut et le bas, et à croire en l'égalité et la fraternité de tous.

Les chefs de Ta'if étaient une bande vaniteuse et arrogante, et ils ne voulaient même pas écouter le Prophète ﷺ Ils l'accueillirent avec des moqueries et des railleries, et mirent sur

lui les flâneurs et les hooligans de la ville. Ils le bombardèrent, lui et Zayd, de mottes de terre et de pierres.

Blessé et couvert de sang, notre cher Prophète ﷺ sortit de Ta'if. Face à cette misère, l'ange Jibraël (A.S) fut envoyé et lui présenta une option : faire détruire toute la ville, par la volonté de Dieu, pour une telle arrogance et une telle haine, " Si tu dis que je vais broyer ces gens entre deux montagnes et personne ne sera laissé derrière."

Il aurait pu le faire. Il aurait pu demander que cette vallée de gens cruels soit écrasée. Mais il ne l'a pas fait.

"Non", a-t-il dit à l'ange. "Ne détruis pas les gens de Taif." Au lieu de cela, il a prié pour leur salut. Dans un chagrin extrême, le Saint Prophète ﷺ a dit : "Je suis un exemple de bonté. Je ne veux pas me venger. Leur progéniture acceptera sûrement l'islam."

Comme Allah (S.W.T) a révélé dans le Coran,

""Et Nous ne t'avons envoyé qu'en miséricorde pour l'Univers."
(Surah Al-Anbya, V:107)

Ce n'est là qu'un des nombreux exemples de la façon dont notre Saint Prophète ﷺ, que Dieu décrit comme une "miséricorde pour tous", traitait ceux qui s'opposaient à lui. La visite de la vallée de Ta'if est un exemple dans la vie du Saint Prophète ﷺ qui a fait face à des menaces de mort et des tentatives d'assassinat constantes, des abus et des humiliations de la part de ceux qui étaient menacés par son message simple mais profond : il n'y a pas d'autre dieu qu'Allah et Muhammad ﷺ est son esclave et son messager.

LA VICTOIRE PACIFIQUE DE LA MECQUE

Un autre exemple bien connu de la bonté et de la miséricorde de Rasulallah ﷺ est celui de la prise pacifique de la Mecque par les musulmans. Là aussi, le saint Prophète ﷺ a fait preuve d'un comportement exemplaire. C'est la nature humaine commune, lorsqu'ils sont en position de pouvoir ou lorsque l'occasion se présente, les gens sont connus pour abuser de leur autorité et punir brutalement leurs ennemis. Mais à ce moment-là, alors qu'il aurait pu facilement détruire ses pires ennemis, notre Saint Prophète ﷺ a fait preuve d'une remarquable retenue. Ceci est d'autant plus significatif étant donné la culture de rivalité tribale vicieuse pratiquée à l'époque.

Le Prophète Muhammad ﷺ est une miséricorde pour tous les êtres humains, quelle que soit leur origine religieuse, raciale, culturelle ou ethnique. En tant que ses disciples, nous devons vivre et diffuser ce message aujourd'hui, à une époque où la haine et la laideur envers les autres sont devenues la norme.

LA GENTILLESSE ENVERS LES SERVITEURS

L'islam est un code de vie complet. Les adeptes de l'islam reçoivent des instructions explicites sur la façon de traiter les serviteurs, les travailleurs et l'aide. Il existe de nombreux exemples qui montrent la bonté et la douceur du Saint Prophète ﷺ envers leurs serviteurs. Anas b. Malik(R.A) a été le serviteur personnel du Prophète ﷺ pendant dix ans jusqu'à son décès à la Mecque. Anas(R.A) avait un grand amour pour le Saint Prophète ﷺ et prenait beaucoup de joie et de fierté à répondre à ses besoins. Selon lui, Rasulallah ﷺ pas une seule fois ne l'a frappé ou même réprimandé. Il se levait avant tout le monde le matin et se rendait à la mosquée du Prophète ﷺ pour s'occuper de ses besoins et de ses souhaits.

Anas(R.A) a dit : " J'ai servi le Saint Prophète ﷺ à la maison et en voyage. Par Allah, il ne m'a jamais dit pour une chose que j'ai faite : "Pourquoi as-tu fait cela ?" ou pour une chose que je n'ai pas faite : "Pourquoi n'as-tu pas fait cela ?" (Sahih Bukhari and Muslim)

Le Prophète Muhammad ﷺ a dit : " Ils (les serviteurs) ne sont que vos frères. Allah les a placés sous votre responsabilité. Ainsi, quiconque a un frère sous sa responsabilité, alors nourrissez-le de ce que vous mangez, habillez-le de ce dont vous vous habillez. Ne le surchargez pas de ce qu'il ne peut supporter. Et si vous le surchargez, alors donnez-lui un coup de main". Ce hadith s'applique bien sûr aussi aux servantes.

Un compagnon, Abu Dharr(R.A), après avoir entendu les paroles du Prophète ﷺ, n'a plus jamais parlé durement à un esclave ou à un serviteur. Abu Dharr(R.A) a ensuite pris soin de traiter le serviteur comme il aurait traité ses propres enfants. On l'a vu se promener sur les marchés avec son serviteur, et ce dernier portait sur ses vêtements exactement le même ornement qu'Abu Dharr(R.A) portait lui-même. Voici l'enseignement de notre Saint Prophète ﷺ dans l'environnement hostile de la Mecque de l'époque.

L'empathie est très encouragée dans l'islam. Le Prophète Muhammad ﷺ a dit : " Lorsque votre serviteur vous prépare de la nourriture et la dépose pour vous - alors qu'il a subi les désagréments de la chaleur et de la fumée lors de la cuisson - vous devez lui demander de s'asseoir et de partager le repas."

Quant au retardement du salaire, qui n'est pas rare de nos jours, c'est une injustice et c'est inadmissible en Islam. Le Prophète Muhammad ﷺ a donné l'instruction suivante : "Payez au travailleur son salaire avant que sa sueur ne sèche."

Imaginez ! Une femme de ménage qui a frotté, nettoyé, lavé, repassé, cuisiné et peiné devrait voir le fruit de son travail lorsqu'elle s'essuie le front après un jour, une semaine ou un mois de dur labeur - quelle que soit la période convenue entre l'employeur et l'employé. Le salaire de son dur labeur est la seule chose qui lui permet de faire ses courses quotidiennes, et c'est pourquoi elle est hors de chez elle, travaillant pour les autres. Le Saint Prophète ﷺ explique qu'Allah(S.W.T), le jour du jugement, sera en colère contre et sera l'adversaire de la personne qui emploie un ouvrier et lui prend tout son travail mais ne le paie pas pour son travail."

Une fois, un homme est venu voir Rasulallah ﷺ et lui a demandé : " Ô Prophète d'Allah ﷺ ! Dans quelle mesure devons-nous pardonner les erreurs et les fautes de nos serviteurs ? ". Le Saint Prophète ﷺ resta silencieux et lorsque l'homme répéta la question pour la troisième fois, il répondit : "Soixante-dix fois par jour." (Al-Tirmidhi)

Aucun d'entre nous ne voudrait aller à l'encontre de notre Seigneur ou voir sa colère s'abattre sur nous. Cependant, c'est exactement ce que nous risquons lorsque nous faisons du mal à nos serviteurs.

L'aide que nous engageons, tout comme nous, fera des erreurs ; nous sommes tous humains. La femme de ménage peut accidentellement brûler une robe en la repassant, renverser du café sur le tapis ou casser un verre en cristal. Il faut alors faire preuve de patience, de pardon et d'indulgence. Imaginez que ce n'est qu'après la 70e erreur que la femme de chambre commet en une journée que nous pouvons perdre patience.

L'épouse du Prophète, Syeda Aisha(R.A), a dit : " Le Messager d'Allah ﷺ n'a jamais frappé une femme, un enfant ou un serviteur." (Sahih Muslim)

Il est déconcertant de constater que certains d'entre nous se vantent du nombre de règles qu'ils ont imposées à leurs serviteurs. L'Islam n'est pas seulement ce que nous écrivons sur nos passeports dans l'espace réservé à la "Religion". L'Islam est une croyance ancrée dans le cœur, appliquée par les mots et la manière dont nous parlons, et enfin, il contrôle les actions de notre corps tout entier ; nos membres, nos yeux, ce que nous mangeons et ce que nous écoutons.

Même dans le monde moderne d'aujourd'hui, nous avons tous entendu des histoires de femmes de ménage travaillant sans repos jusqu'à minuit passé et se levant tôt avec le soleil, ou de personnes travaillant pendant des mois sans être payées, leur salaire leur étant retiré. Un domestique a accidentellement cassé un vase coûteux et a été obligé de rembourser la famille pour le vase, ce qui équivalait à la moitié de son salaire mensuel. Pire encore, nous avons lu des rapports choquants sur des travailleurs domestiques brutalement battus par leurs employeurs.

Il est grand temps d'absorber tous ces dictons de notre Saint Prophète ﷺ et de les mettre en œuvre dans notre vie quotidienne. C'est la culture que notre Prophète ﷺ nous a enseignée il y a quatorze cents ans, alors qu'aucun collège ou université ne leur enseignait les valeurs morales et éthiques. Toutes nos aides domestiques ont le droit d'être traitées avec miséricorde, compassion, gentillesse, et d'être payées à temps.

LA GENTILLESSE ENVERS LES ENFANTS

Le Prophète ﷺ a dit : " En effet, parmi les croyants ayant la foi la plus complète, il y a celui qui a la meilleure conduite et qui est le plus gentil avec sa famille." (Tirmizi)

Il va sans dire que la nature innée du Prophète ﷺ être une miséricorde pour toutes les créations de Dieu est certaine. Sa miséricorde est inégalée et en effet, son traitement des enfants, et pas seulement pour sa propre famille, est un exemple pour nous tous. Par exemple, à son arrivée à Médine, le Prophète Muhammad ﷺ a été reçu par l'élite des habitants de Médine ainsi que par d'autres hommes et femmes qui attendaient avec impatience son arrivée bénie. Parmi l'immense foule qui faisait la queue pour accueillir le Messager d'Allah ﷺ tant attendu, se trouvaient les enfants de Médine qui se mirent à chanter et à le louer. Rasulallah ﷺ se tourna vers eux en souriant et leur accorda toute son attention. Il s'approcha d'eux, le sourire aux lèvres, et leur demanda : "M'aimez-vous ?". Les enfants, de joie et d'excitation, répondirent : " Oui, oui ! Nous t'aimons et te respectons, ô Messager d'Allah ﷺ." Le Prophète répondit : "Et moi aussi je vous aime tous." Les enfants étaient ravis!

Le Saint Prophète ﷺ embrassait et embrassait souvent les enfants, pour exprimer sa tendresse, son amour et sa miséricorde à leur égard. Dans un hadith concernant les enfants, Abou Huraira(R.A) a rapporté qu'al-Aqra' bin Habis a vu le Messager d'Allah ﷺ qui embrassait Hasan Ibn Ali(A.S). Il dit : " J'ai dix enfants, mais je n'ai jamais embrassé aucun d'entre eux ", sur quoi le Messager d'Allah ﷺ a dit : " Celui qui ne fait pas preuve de miséricorde (envers ses enfants), aucune miséricorde ne lui serait accordée." (Muslim)

Il est raconté par la mère des croyants, Syeda Aisha Siddiqua(R.A), que chaque fois que Rasulallah ﷺ rendait visite à sa plus jeune fille, Syeda Fatimah(S.A), il se levait pour l'accueillir lorsqu'elle entrait dans la pièce, la prenait par la main, l'embrassait et la faisait asseoir là où il était assis. À l'inverse, elle faisait de même lorsqu'il lui rendait visite. Ces beaux gestes, bien que simples, montrent l'amour profond et le respect que le père et la fille avaient l'un pour l'autre. Considérez ce comportement à l'époque où les filles nouvellement nées étaient enterrées vivantes dans le seul but d'éviter l'embarras de la communauté.

Notre Saint Prophète ﷺ s'intéressait aussi activement à la vie des enfants, malgré son emploi du temps chargé. Par exemple, Anas bin Malik(R.A) a déclaré : " Le Messager d'Allah ﷺ avait l'habitude de venir nous rendre visite. J'avais un jeune frère qui s'appelait Abu 'Umair par surnom (kunyah). Il avait un moineau avec lequel il jouait, mais il est mort. Alors, un jour, Rasulallah ﷺ est venu le voir et l'a vu en deuil. Il demanda : 'Qu'est-ce qui lui arrive ?' Les gens répondirent : 'Son moineau est mort'. Rasulallah ﷺ dit alors : "Oh Abu 'Umair ! Qu'est-il arrivé au petit moineau ? ". (Abu Daud). Dans ce hadith, nous voyons l'exemple du Prophète Muhammad ﷺ qui fait des pieds et des mains pour partager le chagrin d'un jeune enfant, alors que de nombreux adultes balayeraient d'un revers de main une question aussi insignifiante en apparence. Ce type de relation permet d'instaurer la confiance, une communication ouverte et une validation pour l'enfant. Notre Saint Prophète ﷺ nous a enseigné comment bien traiter les enfants, et comment exprimer l'amour et la joie.

Le Prophète Muhammad ﷺ avait l'habitude de s'occuper des orphelins et il demandait à ses compagnons de les protéger et de bien les traiter. Il a également montré les mérites qui en découlent. Al-Bukhari a raconté que le Prophète Muhammad ﷺ a dit : "Moi et le gardien d'un orphelin sommes comme cela (ensemble) au Paradis", et il a joint son index et son majeur ensemble. Un autre dicton lié à l'orphelin est ; le Prophète Muhammad ﷺ a dit : "La meilleure maison musulmane est celle dans laquelle un orphelin est bien traité, et la pire maison musulmane est celle dans laquelle un orphelin est mal traité". Ces dires prophétiques montrent clairement que si quelqu'un prend bien soin d'un orphelin, il est sûr d'entrer au paradis.

Rasulallah ﷺ était un modèle en matière de soins aux enfants dans une société où le simple fait d'aimer les enfants était une question d'ego. Il ﷺ nous a appris comment les traiter et comment exprimer l'amour et la joie pour le don de les avoir. Il est de notre devoir d'apprendre comment traiter au mieux les enfants et d'intégrer ces enseignements dans notre propre vie.

BONTÉ ENVERS LES PAUVRES

L'une des grandes réformes que le Prophète Muhammad ﷺ a apportées concerne les droits des pauvres et le traitement à leur égard. Avant l'avènement de l'islam, les Arabes païens avaient l'habitude de ne pas tenir compte des pauvres. Ils les regardaient de haut et se souciaient peu d'eux ; les pauvres étaient fondamentalement une partie insignifiante de la société. Cependant, avec les enseignements de notre Saint Prophète ﷺ, tout cela a changé. Les musulmans étaient désormais tenus de s'occuper des pauvres et devaient dépenser leur richesse pour les aider.

Pour nous rapprocher d'Allah(S.W.T), nous nous tournons vers le Messager d'Allah ﷺ comme guide, enseignant et exemple de ce que doit être un bon musulman. Ainsi, sur notre chemin vers Allah, regardons Rasulallah ﷺ pour nous inspirer sur la façon d'aider nos frères et sœurs dans le besoin autour de nous. Le Saint Prophète ﷺ a dit : " Heureuse est la richesse du musulman, de laquelle il donne au pauvre, à l'orphelin et au voyageur." (Muslim)

Humble, modeste et aimant, le Prophète Muhammad ﷺ était connu pour sa générosité. En tant que " le plus généreux de tous les peuples " (Bukhari), le Saint Prophète ﷺ encourageait continuellement ses disciples à aider les autres, appelant les musulmans à soutenir leurs familles, leurs voisins, leurs communautés et l'ensemble de la oumma. En soulignant l'importance de la charité, Rasulallah ﷺ a dit ceci :

"La générosité est proche d'Allah, proche du paradis, proche des gens, et éloignée du feu de l'enfer." (Tirmidhi)

En tant que musulmans, nous sommes invités à veiller à ce que les pauvres et les nécessiteux ne souffrent pas de la faim, en particulier les personnes qui nous entourent, comme nos voisins. L'exemple du Saint Prophète ﷺ nous guide dans l'accomplissement de nos devoirs en tant que musulmans et nous rappelle la nécessité d'aider les autres qui n'ont même pas les biens essentiels dont nous jouissons mais que nous considérons comme acquis.

Le Prophète Muhammad ﷺ a dit:

"Ce n'est pas un musulman dont l'estomac est plein alors que son voisin a faim." (Muslim)

"Aucun de vous n'a la foi tant qu'il n'aime pas pour son prochain ce qu'il aime pour lui-même." (Muslim)

" Chaque fois qu'un mendiant se présentait à l'apôtre d'Allah ﷺ ou qu'on lui demandait quelque chose, il ﷺ avait l'habitude de dire (à ses compagnons) : " Aidez-le et recommandez-le et vous en recevrez la récompense." (Sahih Al-Bukhari; Volume 2, Livre 24, Numéro 512)

Dans un autre hadith, le Saint Prophète ﷺ a dit : " Celui qui s'occupe d'une veuve ou d'un pauvre est comme celui qui accomplit des prières toute la nuit et jeûne toute la journée." (Sahih Al-Bukhari; Volume 7, Livre 64, Numéro 265)

Rasulallah ﷺ a dit un jour à sa femme : "Ayesha(R.A) ! Ne repousse jamais un pauvre de ta porte les mains vides. O Ayesha ! Aime les pauvres, rapproche-les de toi et Allah te rapprochera de Lui."

L'Islam n'interdit ni ne décourage l'acquisition de richesses, mais insiste pour qu'elles soient acquises légalement par des moyens honnêtes et qu'une partie de ces richesses aille aux pauvres. L'un des piliers de l'islam est la "Zakah", un acte obligatoire pour les riches consistant à donner une partie de leur richesse aux pauvres. Le Saint Prophète ﷺ

a ordonné aux musulmans de traiter les pauvres avec bonté et de les aider par des aumônes, la zakat et d'autres moyens.

Non seulement le Saint Prophète ﷺ encourage les autres à prendre soin des pauvres, mais il était lui-même très préoccupé par eux.

Un homme de Médine, Ibaad Ibn Sharjil, était un jour affamé. Il se rendit dans un verger privé et cueillit quelques fruits. Le propriétaire du jardin lui donna un coup fort et le dépouilla de ses vêtements. Le pauvre homme fit appel au Saint Prophète ﷺ, qui réprimanda le propriétaire en disant : "Cet homme était inconscient, tu aurais dû évincer son inconscience ; Il avait faim, tu aurais dû le nourrir". Les vêtements du pauvre homme ont été restaurés et, également, on lui a donné du grain. [Abu Daawood]

Un débiteur, Jaabir ibn Abdullaah(R.A) était harcelé par son créancier parce qu'il ne pouvait pas payer sa dette en raison de l'échec de sa récolte de dattes. Le Saint Prophète ﷺ est allé avec Jaabir à la maison du créancier et lui a dit de donner plus de temps à Jaabir, mais le créancier n'était pas disposé. Le Saint Prophète ﷺ se rendit alors à l'oasis et, ayant constaté par lui-même que la récolte était vraiment mauvaise, il approcha à nouveau le créancier, sans meilleur résultat. Il se reposa ensuite pendant un certain temps et approcha le créancier pour la troisième fois, mais ce dernier resta ferme. Le Saint Prophète ﷺ retourna dans le jardin et demanda à Jaabir de cueillir les dattes. Comme Allah(S.W.T) l'a voulu, la collecte a non seulement suffi à apurer les dettes mais a laissé quelque chose en réserve. [Al-Bukhari]

L'amour de Rasulallah ﷺ pour les pauvres était si profond qu'il avait l'habitude de prier : "O Allah, garde-moi pauvre dans ma vie et dans ma mort, et élève-moi dans la résurrection parmi les pauvres." [An-Nasaa'ee]

Ainsi, on peut voir la très grande valeur et l'importance que l'Islam attache à l'aide et au soin des pauvres. Cet enseignement est une incitation et une motivation majeures pour les gens à prendre soin et à s'occuper des pauvres. En effet, quelle grande réforme le Prophète Muhammad ﷺ a apporté ! Si nous pouvions tous suivre ces enseignements à l'égard des pauvres qui nous entourent, notre société serait bien meilleure !

PRENDRE SOIN DES ANIMAUX ET DES OISEAUX

Le Prophète Muhammad ﷺ est une incarnation de la miséricorde ; il exprimait de la sympathie non seulement envers les humains qui l'entouraient, mais traitait également les animaux avec respect et compassion. Il a enseigné à ses disciples que puisque les animaux font partie de la création de Dieu, ils doivent être traités avec dignité. Il ﷺ disait : " En vérité, il y a une récompense céleste pour chaque acte de bonté fait à une créature vivante."

Les humains ont été créés par Allah, le Tout-Puissant, pour être les gardiens de la Terre. Le Prophète Muhammad ﷺ a toujours été doux avec les autres créations.

Abu Huraira(R.A) a rapporté que le Messager d'Allah ﷺ a dit:

Une personne souffrait d'une soif intense lors d'un voyage lorsqu'elle trouva un puits. Il y descendit et but (de l'eau), puis sortit et vit un chien qui tirait la langue à cause de la soif et mangeait la terre humide. La personne dit : Ce chien a souffert de la soif comme j'en ai souffert. Il descendit dans le puits, remplit sa chaussure d'eau, puis la garda dans sa bouche jusqu'à ce qu'il remonte et la fasse boire au chien. Allah a donc apprécié son acte et lui a pardonné. Puis (les compagnons qui l'entouraient) ont dit : Messager d'Allah ﷺ , y a-t-il pour nous une récompense même pour (servir) de tels animaux ? Il dit : Oui, il y a une récompense pour le service rendu à tout animal vivant. (Sahih Muslim 2244)

Même si nous considérons certains animaux comme impurs, les musulmans doivent les respecter et les traiter avec amour et miséricorde. Par exemple, en ce qui concerne les chiens, le Saint Prophète ﷺ ne nous a pas appris à les détester. En fait, dans le hadith ci-dessus, il ﷺ nous a parlé des mérites de nourrir tout animal.

Les traditions du Prophète Muhammad ﷺ nous rappellent que l'humanité a été faite la gardienne de la création de Dieu sur cette terre. Traiter les animaux avec bonté et compassion est l'une de ces responsabilités. Il ressort clairement des paroles et des actes de Rasulallah ﷺ qu'il est non seulement totalement inacceptable d'infliger de la douleur et de la souffrance à des créatures sans défense, mais que nous serons également responsables devant Dieu de tels actes. Tuer sans nécessité - c'est-à-dire tuer pour le plaisir - n'est pas permis. L'Islam attend de l'humanité qu'elle traite tous les êtres vivants - oiseaux, animaux marins et insectes - avec dignité.

Le Messager d'Allah ﷺ a constamment conseillé aux gens de faire preuve de bonté envers toutes les créatures. Il a interdit la pratique de couper la queue et la crinière des chevaux, de marquer les animaux à tout point faible et de garder les chevaux inutilement sellés. [Muslim] Le Messager d'Allah ﷺ passa un jour près d'un chameau si maigre que son dos avait presque atteint son estomac. Il a dit : " Craignez Allah dans ces bêtes qui ne peuvent pas parler." (Abu Dawud)

Toutes les créatures vivantes ont été mises sur cette terre par Dieu pour notre bien. Elles ne sont pas au même niveau que les êtres humains, mais elles ne doivent pas non plus être traitées avec cruauté. Il incombe à l'humanité de veiller à ce qu'ils disposent de suffisamment de nourriture, d'eau et d'abri. Les créatures vivantes ne doivent pas être surchargées, maltraitées ou torturées, sous peine de subir le juste châtiment de Dieu. Si Rasulallah ﷺ voyait qu'un animal était surchargé ou malade, il parlait doucement au propriétaire et lui disait : " Craignez Dieu dans vos rapports avec les animaux." (Abu Dawud)

Toutefois, il ne suffit pas de s'abstenir de toute violence physique. Il est tout aussi important d'éviter la cruauté mentale. Même la détresse émotionnelle d'un oiseau doit être prise au sérieux. Un jour, un groupe de compagnons était en voyage avec le Messager d'Allah ﷺ, et il les a quittés pendant un certain temps. Pendant son absence, ils virent un oiseau avec ses deux petits, et ils prirent les petits du nid. La mère oiseau tournait en haut dans les airs, battant ses ailes de chagrin. Lorsque le Saint Prophète ﷺ est revenu (et a vu la détresse de l'oiseau). Il dit : " Qui a blessé les sentiments de cet oiseau en prenant ses petits ? Rendez-les lui." (Muslim)

Il est rapporté que Rasulallah ﷺ a dit : " Si quelqu'un tue un oiseau pour un gibier, l'oiseau criera le jour du jugement : " Seigneur ! Ce type m'a tué en vain ! Il ne m'a pas tué dans un but utile.'" (Sunan al-Nisa'i)

Narrateur : Ibn 'Umar(R.A) : Le Prophète ﷺ a dit : " Une femme a été punie à cause d'un chat qu'elle tenait captif jusqu'à ce qu'il meure. Ainsi, elle est entrée dans le feu de l'enfer à cause de (son mauvais traitement) du chat. Elle ne l'a pas nourri ni abreuvé pendant qu'elle le gardait captif, et ne l'a pas laissé sortir pour qu'il mange les choses qui rampent sur la terre." (Sunan Ibn Majah 4256)

Imaginez, à l'époque préislamique, la société était si cruelle qu'un homme puissant n'épargne pas une erreur d'un homme ordinaire, et encourage les pratiques dures, y compris la cruauté envers les animaux ; il est venu un homme, Notre Cher Prophète ﷺ, qui a prêché l'Islam (signifiant la paix), et a condamné et interdit toutes ces pratiques cruelles. Allah(S.W.T) a ordonné la bonté et la vertu en toute chose. Pour un vrai croyant, il est très important de protéger les animaux de tout dommage injustifié.

PLANTER DES ARBRES EST RECOMMANDÉ PAR L'ISLAM

Les plantes étant également considérées comme un être vivant, le Prophète Muhammad✺ nous a souligné que nous avions un devoir collectif envers notre environnement. Il ✺ nous a encouragés à planter des arbres car cela profiterait à d'autres créations.

Le Prophète Muhammad ✺ a dit said,

"Aucun musulman qui plante un arbre ou sème des graines, puis un oiseau, ou une personne ou un animal en mange, sauf que cela est considéré comme une charité." (Sahih al-Bukhari, 2320)

Aujourd'hui, avec les menaces de changement climatique et de réchauffement de la planète, il est nécessaire que nous traitions notre environnement avec amour et respect. Nous devons nous efforcer d'éviter le gaspillage, la surconsommation de plastique à usage unique, et faire des efforts pour ne pas polluer nos eaux et l'air.

Nous devons inculquer notre amour de l'environnement et faire des efforts pour le protéger de la dégradation et de la destruction.

Non seulement le Messager d'Allah ✺ avait l'habitude d'aimer et de prendre soin des créatures d'Allah, mais la créature l'aime aussi. Un merveilleux hadith nous parle d'une branche de palmier-dattier qui aime être près du Prophète d'Allah ✺.

Narrateur : Jabir bin `Abdullah(R.A) : Le Prophète ✺ avait l'habitude de se tenir près d'un arbre ou d'un palmier-dattier le vendredi. Alors une femme ou un homme Ansari disait. " Ô Messager d'Allah ✺ ! Devons-nous te fabriquer une chaire ? ". Il répondit : "Si tu le souhaites". Ainsi, ils lui firent une chaire et lorsque ce fut le vendredi, il se dirigea vers la

chaire (pour prononcer le sermon). Le palmier-dattier pleura comme un enfant ! Le Prophète ﷺ descendit (de la chaire) et l'embrassa alors qu'il continuait à gémir comme un enfant qu'on apaise. Le Prophète ﷺ dit : " Elle pleurait pour (manquer) ce qu'elle avait l'habitude d'entendre de la connaissance religieuse donnée près d'elle." (Sahih al-Bukhari, 3584)

L'Imam Al-Hasan Al-Basri avait l'habitude de pleurer en narrant un hadith similaire et de dire : " Ô serviteurs d'Allah, le bois aspire à la rencontre du Prophète Muhammad ﷺ Pourtant, vous avez plus de droit d'attendre avec impatience de le rencontrer."

Un vrai croyant en Allah(S.W.T) démontre sa croyance en respectant la création entière, et le caractère et les enseignements de notre Prophète Muhammad ﷺ est un modèle brillant à suivre pour le monde moderne.

COMMENT LES COMPAGNONS(R.A) (SAHABA) AIMENT LE PROPHÈTE MUHAMMAD ﷺ

Il a été rapporté que Anas bin Malik(R.A) a dit:

"Le Messager d'Allah ﷺ a dit : " Aucun d'entre vous ne croit vraiment tant que je ne suis pas plus aimé de lui que son enfant, son père et tout le peuple.'"

Anas b. Malik(R.A) a rapporté qu'un arabe du désert a dit au Messager d'Allah ﷺ : Quand serait l'heure dernière ? Le Messager d'Allah ﷺ a répondu : Quelle préparation as-tu faite pour cela ? Sur ce, il dit : L'amour d'Allah et de Son messager (c'est ma préparation pour l'Heure dernière/le Jour de la Résurrection). Sur quoi il (le Saint Prophète ﷺ) dit : 'Vous seriez aux côtés de celui que vous aimez.'" (Sahih Muslim 2639a)

C'est un grand signe que de savoir cela. Nous aimons notre Prophète Muhammad ﷺ et sûrement, il est celui qui a le plus haut statut et la meilleure des créations.

Il a été rapporté sur l'autorité de Anas b. Malik(R.A) que [lorsque l'ennemi a pris le dessus] le jour de la bataille de Uhud, le Messager d'Allah ﷺ n'est resté qu'avec sept hommes des Ansar et deux hommes des Quraish. Lorsque l'ennemi a avancé vers lui et l'a submergé, il a dit : Celui qui les détourne de nous atteindra le Paradis ou sera mon compagnon au Paradis. Un homme des Ansar s'avança et combattit [l'ennemi] jusqu'à ce qu'il soit tué. L'ennemi avança et le submergea à nouveau et il répéta les mots : Celui qui les détourne de nous atteindra le Paradis ou sera mon compagnon au Paradis. Un homme de l'Ansar s'avança et combattit jusqu'à ce qu'il soit tué. Cet état a continué jusqu'à ce que les sept Ansar soient tués [l'un après l'autre]. [Muslim 19:4413]

Après le martyre du septième Ansari à Uhud, deux Quraishis sont restés pour garder le Prophète ﷺ : Talha bin Ubaidullah et Sad bin Abi Waqas. Ces deux Sahabas ont courageusement combattu les Quraish et ont utilisé leurs propres corps comme boucliers pour protéger le Messager d'Allah ﷺ.

Narrateur : Qais : J'ai vu la main paralysée de Talha avec laquelle il avait protégé le Prophète le jour de Uhud. [Bukhari 59:392]

Le Prophète ﷺ est resté avec Talha bin Ubaidullah et Sad bin Abi Waqas pendant seulement quelques secondes avant que d'autres Sahabas/Compagnons n'arrivent pour le protéger. Abu Dujanah(R.A) s'est transformé en bouclier pour le Messager d'Allah ﷺ. Les flèches continuaient à frapper son dos, pourtant il continua à se pencher sur le Messager d'Allah ﷺ [pour le protéger] et à la fin, de nombreuses flèches lui transpercèrent le dos. [Seerat ibn Hisham] Tel était leur amour pour lui.

Il y avait la femme de la famille de Bani Dinar. À la fin de la bataille d'Uhud, de nombreux musulmans sont morts et le Prophète ﷺ a été gravement blessé, à tel point que la nouvelle s'est répandue qu'il était mort alors qu'il ne l'était pas. Après la fin de la bataille, certaines personnes ont été envoyées pour visiter les familles de ceux qui sont morts dans la bataille et leur transmettre qui de leur famille est décédé. Parmi les cas les plus tristes et les plus difficiles de tous, il y avait le cas d'une femme de la famille de Bani Dinar. Ibn Katheer a raconté dans son livre "Al-Bedaayah Wan-Nehaayah" que les gens sont venus la voir et lui ont annoncé le décès de son père, de son frère et de son mari. Et à leur grande surprise, sa préoccupation et sa question étaient : "Qu'est-il arrivé au Prophète d'Allah ﷺ ?" Ils répondirent : " Bonté divine, ô mère d'untel ou d'unetelle. Il fait, par la louange d'Allah, exactement comme tu le souhaiterais." Elle demanda alors : "Conduisez-moi là où il se trouve pour que je puisse le voir". Ils lui ont donc montré du doigt et lorsqu'elle a aperçu

le Prophète Muhammad ﷺ elle a dit : "Toute calamité, à part te perdre, est supportable."
SubhanAllah!

Lorsque le Messager d'Allah ﷺ annonça la préparation de la bataille de Tabuk et lança un appel aux charités et aux dons, les musulmans se précipitèrent pour dépenser pour l'amour d'Allah(S.W.T). Syeduna Uthman(R.A), par exemple, qui avait préparé deux cents chameaux sellés pour se rendre à Ash-Sham, leur a offert à tous deux cents onces (d'or) en guise de charité. Il alla également chercher mille dinars et les jeta tous sur les genoux du Messager d'Allah ﷺ, qui les retourna et dit : "A partir de ce jour, rien ne pourra nuire à Uthman(R.A), quoi qu'il fasse". [Jami' At-Tirmidhi 2/211] Encore et encore Syeduna Uthman(R.A) donna jusqu'à ce que sa charité atteigne neuf cents chameaux et cent chevaux, en plus de l'argent qu'il a payé.

Nous devons comparer notre amour à celui des grands compagnons de Rasulallah ﷺ. Sommes-nous prêts à renoncer à nos désirs et pouvons-nous sacrifier ce que nous aimons le plus pour obéir au Saint Prophète ﷺ ? Notre désir d'avoir la compagnie du Messager d'Allah ﷺ au Paradis exige que nous suivions fermement l'Islam comme ses Compagnons(R.A).

AMOUR DE L'UMMAH

En tant que musulmans, nous aimons notre Saint Prophète ﷺ plus que quiconque, mais savons-nous à quel point il nous aimait ? Connaissons-nous sa grande compassion ? L'une des meilleures façons d'aimer le Prophète Muhammad ﷺ est simplement de savoir tout le bien qu'il nous a fait par amour et par attention. Explorons quelques versets coraniques et hadiths sur son amour et sa compassion pour nous ; sa Ummah.

Dans le noble Coran, Allah(S.W.T) a révélé à quel point Rasulallah ﷺ plaçait son Ummah près de son cœur et suppliait Allah pour nous soulager,

"Certes, un Messager pris parmi vous, est venu à vous, auquel pèsent lourd les difficultés que vous subissez, qui est plein de sollicitude pour vous, qui est compatissant et miséricordieux envers les croyants." (Surah At-Tawbah, V:128)

Cheikh Sa'adi(A.R), un grand savant islamique, a indiqué que "cette libéralité est la plus précieuse des libéralités d'Allah accordées à ses adorateurs : Il leur a envoyé ce Noble Prophète ﷺ pour les sortir de l'égarement et les protéger du châtiment."

La mère des croyants, Syeda A'ishah(R.A), raconte "Une fois, lorsque je voyais le Prophète ﷺ de bonne humeur, je lui ai dit : "Ô Messager d'Allah ! Supplie Allah pour moi !" Alors, il a répondu : "Ô Allah ! Pardonne à A'ishah ses péchés passés et ses péchés futurs, les péchés qu'elle a cachés et les péchés qui ont été rendus apparents." Alors, je me suis mis à sourire, au point que ma tête est tombée sur les genoux du Messager d'Allah ﷺ par joie. Le Messager d'Allah ﷺ m'a dit : "Est-ce que ma supplication te rend heureux ?". J'ai répondu : "Et comment ta supplication ne pourrait-elle pas me rendre heureux ?". Il a alors dit : " Par Allah, c'est la supplication que je fais pour ma Oumma à chaque prière." (Al Bazzaar, Hasan)

La compassion que Rasulallah ﷺ ressentait pour la souffrance des autres est évidente dans ce hadith : Abu Qatada(R.A) rapporte que le Messager de Dieu ﷺ a dit : " Lorsque je commence la prière, j'ai l'intention de la faire longue. Mais lorsque j'entends un enfant pleurer, j'écourte la prière, car je sais que sa mère souffrirait de ses cris." (Bukhari, Mishkat al-Masabih 1130)

Narré par Ibn Abbas(R.A) : Le Prophète ﷺ est sorti un jour vers nous et a dit : " Certaines nations étaient exposées devant moi. Un Prophète passait devant moi avec un homme, et un autre avec deux hommes, et un autre avec un groupe de personnes. et un autre sans personne avec lui.Puis j'ai vu une grande foule couvrant l'horizon et j'ai souhaité qu'ils soient mes partisans, mais on m'a dit : 'C'est Musa(A.S) et ses partisans'. Puis on m'a dit : "Regarde". J'ai regardé et j'ai vu un grand rassemblement avec un grand nombre de personnes couvrant l'horizon. On m'a dit : 'Regarde par ici et par là'. Alors, j'ai vu une grande foule couvrant l'horizon. On me dit alors : " Ce sont tes partisans, et parmi eux, il y en a 70 000 qui entreront au Paradis sans (être interrogés sur leurs) comptes. " Puis les gens se sont dispersés et le Prophète ﷺ n'a pas dit qui étaient ces 70 000. Alors, les compagnons du Prophète ﷺ se mirent à parler de cela et certains d'entre eux dirent : " En ce qui nous concerne, nous sommes nés à l'époque du paganisme, mais ensuite nous avons cru en Allah et en Son Apôtre ﷺ. Nous pensons cependant que ceux-ci (70 000) sont nos descendants. " Ce discours parvint au Prophète ﷺ qui dit : " Ceux-là (70 000) sont les gens qui ne tirent pas de mauvais présage des (oiseaux) et ne se font pas traiter par le marquage eux-mêmes et ne traitent pas avec la Ruqya, mais mettent leur confiance (uniquement) en leur Seigneur. " alors 'Ukasha bin Muhsin se leva et dit : " Ô Messager d'Allah ﷺ ! Suis-je l'un de ces (70.000) ?" Le Prophète ﷺ a répondu : "Oui." Puis une autre personne se leva et dit : "Suis-je l'un d'entre eux ?". Le Prophète ﷺ dit : "'Ukasha vous a anticipé." (Sahih al-Bukhari 5752)

Anas bin Malik et Ibn Hazm ont dit : " Le Messager d'Allah ﷺ a dit : 'Allah, le Puissant et Sublime, a enjoint cinquante prières à ma Ummah, et je suis revenu avec cela jusqu'à ce que je passe devant (le Prophète) Musa, la paix soit avec lui, qui a dit : 'Qu'est-ce que ton Seigneur a enjoint à ta Ummah ?' J'ai dit : 'Il leur a enjoint cinquante prières.' Musa(A.S) m'a dit : "Retourne auprès de ton Seigneur, le Puissant et le Sublime, car ta Oumma ne sera pas capable de faire cela". Je suis donc retourné auprès de mon Seigneur, le Puissant et le Sublime, et Il en a réduit une partie. Puis je suis revenu vers Musa(A.S) et lui ai dit, et il a dit : "Retourne vers ton Seigneur, car ta Oumma ne sera pas capable de faire cela". Je suis donc retourné auprès de mon Seigneur, le Puissant et le Sublime, et Il m'a dit : " Ce sont cinq (prières) mais elles sont cinquante (en récompense), et la parole qui vient de Moi ne peut être changée. Je suis revenu vers Musa(A.S) et il a dit : "Retourne vers ton Seigneur". J'ai dit : "Je suis trop timide devant mon Seigneur, le Puissant et le Sublime.'"

Un grand Prophète d'Allah, le Prophète Musa(A.S), a aidé notre Saint Prophète ﷺ à réduire nos prières quotidiennes de cinquante à cinq. Ceci est sûrement un exemple de l'amour et du respect de tous les prophètes d'Allah précédents envers le dernier prophète d'Allah ﷺ et sa Ummah.

Abdullah bin Amr bin Al-'As(R.A) a rapporté : Le Prophète ﷺ a récité les paroles d'Allah, l'Exalté et le Glorieux, au sujet d'Ibrahim ﷺ qui a dit : "Seigneur ! Elles (les idoles) ont égaré beaucoup de gens. Quiconque me suit est des miens. Quand à celui qui me désobéit... alors c'est Toi, le Pardonneur, le Très Miséricordieux !". (14:36) et ceux de 'Isa (Jésus) ﷺ qui a dit : "Si Tu les châties, ils sont Tes serviteurs. Et si Tu leur pardonnes, c'est Toi le Puissant, le Sage.". (5:118). Puis il ﷺ leva les mains et dit : " Ô Allah ! Mon Ummah, mon Ummah" et pleura;

Allah, l'Exalté, a dit : "Ô Jibril (Gabriel) ! Va vers Muhammad ﷺ et demande-lui : " Qu'est-ce qui te fait pleurer ? ". Jibril vint donc le voir et lui demanda (la raison de ses pleurs) et le Messager d'Allah ﷺ l'informa de ce qu'il avait dit (alors qu'Allah le savait bien).

Sur ce, Allah dit : "Jibril, va voir Muhammad ﷺ et dis : " En vérité, Nous te plairons à l'égard de ta Umma et ne te déplairons jamais." [Muslim]

Un autre Hadith qui nous soulage des difficultés du Jour du Jugement est le Dua d'intercession de notre Saint Prophète ﷺ pour sa Ummah.

Abu Hurairah(R.A) a raconté que le Messager d'Allah ﷺ a dit:

"Chaque Prophète a une supplique (spéciale) qui est exaucée. En vérité, j'ai réservé la mienne comme intercession pour ma Oumma, et elle atteindra, si Allah le veut, ceux d'entre eux qui meurent sans rien associer à Allah(S.W.T)." (Jami` at-Tirmidhi 3602)

Il est évident, d'après les hadiths énoncés, que Rasulallah ﷺ réserve une faveur spéciale à sa ummah. Dans cette vie terrestre, nous devons nous efforcer de nous attacher fortement aux enseignements du Coran et à la Sunnah de notre Saint Prophète ﷺ, et devenir des musulmans pratiquants, afin de recevoir cette immense faveur d'Allah(S.W.T) le jour du Jugement.

COMMENT MONTRER NOTRE AMOUR À NOTRE SAINT PROPHÈTE ﷺ?
ENVOYER DES BÉNÉDICTIONS SUR RASULALLAH ﷺ

"Certes, Allah et Ses Anges prient sur le Prophète; ô vous qui croyez priez sur lui et adresses [lui] vos salutations." (Surah Al-Ahzab, V:56)

Durood-o-Salam est fait uniquement pour demander à Allah(S.W.T) d'accorder Ses Bénédictions et Sa Miséricorde à Son Messager ﷺ afin de montrer sa révérence et sa gratitude pour les services rendus par Rasulullah ﷺ à la religion de l'Islam. Cela permet non seulement de compléter le droit d'honneur du Prophète ﷺ mais aussi d'obtenir de nombreux bienfaits et récompenses d'Allah, l'Exalté, dans ce monde et dans l'au-delà.

Abdullah ibn Ma'sud(R.A) raconte que Sayyedina Rasulullah ﷺ a dit:

"Le jour de la Qiyamah, la personne la plus proche de moi sera celle qui m'aura envoyé le plus de Durood." (Tirmidhi)

Abdullah bin `Amr bin Al-`As(R.A) a rapporté : J'ai entendu le Messager d'Allah ﷺ dire:

"Quiconque supplie Allah d'exalter pour moi, Allah l'exaltera dix fois." (Muslim)

Le vendredi est le jour de la semaine le plus vénéré et le plus béni de l'Islam, il est même mentionné dans le Saint Coran. Ce jour renferme les plus grandes vertus pour obtenir les bénédictions d'Allah à travers différents modes de culte comme la prière de Jummuah et la récitation de la sourate Kahf et d'autres prières comme Durood Sharif.

Le Messager d'Allah ﷺ a dit,

"Le vendredi, envoie Durood abondamment sur moi, tel qu'il est présenté devant moi."
(Abu Dawud)

Ainsi, la Salawat envoyée sur le Saint Prophète ﷺ le jour auspicieux du vendredi résulte en une grande récompense sous la forme d'obtenir une place importante près de Rasulullah ﷺ comme Il les reçoit Lui-même.

En tant que véritable disciple de l'Islam, nous devons éprouver de l'affection pour le Messager d'Allah ﷺ plus que toute autre chose au monde, et ce droit du Prophète ﷺ ne pouvait être rempli qu'en adhérant à sa Sunnah et en rappelant et vénérant son nom tout le temps.

Qu'Allah(S.W.T) nous place parmi ceux qui recevront l'amour de Rasulullah ﷺ et soient parmi ceux qui répandront son amour durable à l'humanité. Puissions-nous être parmi ceux qui répandent l'amour et non la haine, la paix et non les conflits, l'unité et non la division.

Ameen

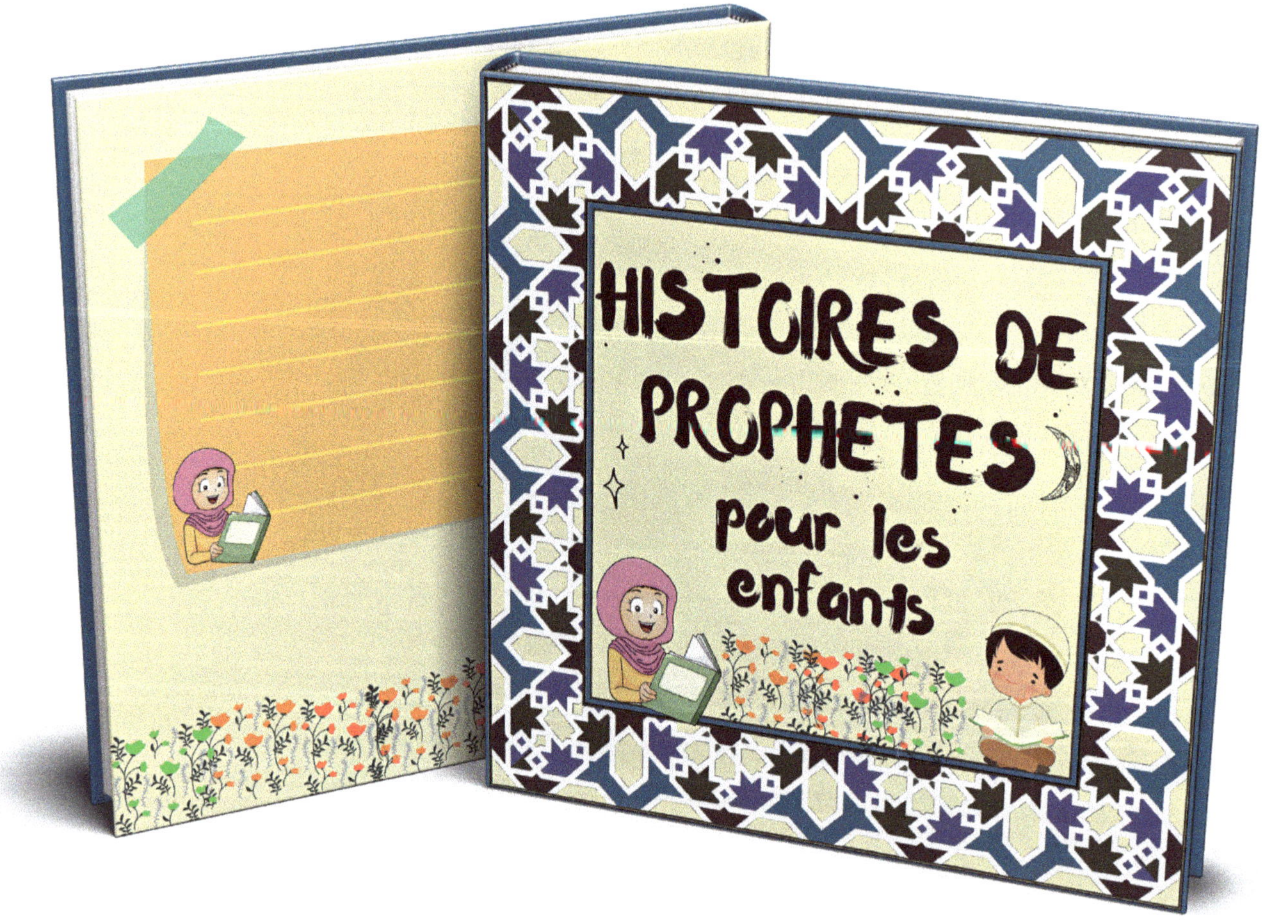

ISBN 978-1-990544-51-4

*Recherche de l'ISBN sur le site web du détaillant

Pages Couleur Premium Couverture Rigide

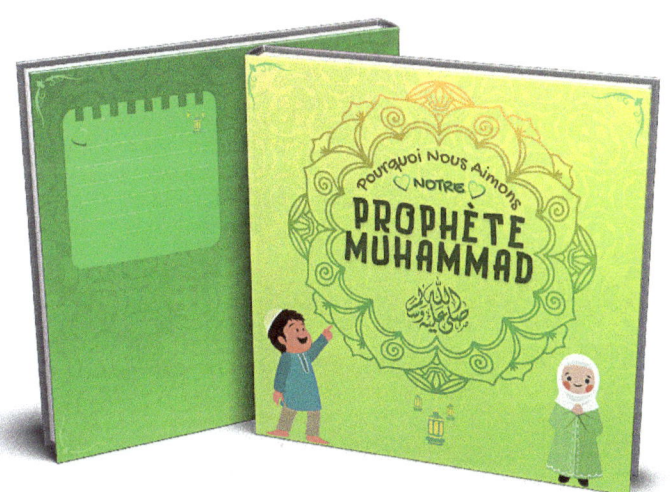

ISBN 978-1-990544-53-8

ISBN 978-1-990544-52-1

ISBN 978-1-990544-54-5

ISBN 978-1-990544-55-2

*Suche nach der ISBN auf der Website des Händlers